Das Buch der Psalmen
Band 8: Psalm 120–150

D1668710

Das Buch der Psalmen
Ein Eschbacher Bilderpsalter in acht Bänden
herausgegeben von Martin Schmeisser
Reihe: Eschbacher Bilderbibel

Der Text der Psalmen wird im allgemeinen nach der
Übersetzung der Zürcher Bibel wiedergegeben.
Überall, wo im hebräischen Text der Gottesname
Jhwh steht (Zürcher Bibel: »der Herr«), wird in
Anlehnung an Martin Buber das durch Versalien
hervorgehobene Pronomen »Du«, »Er«, »Sein«
verwendet.

Die Verwendung der Texte der Zürcher Bibel erfolgt
mit Genehmigung der Genossenschaft Verlag der
Zürcher Bibel. Der Text ist entnommen aus: »Die
Heilige Schrift des Alten und Neuen Testaments«,
herausgegeben vom Kirchenrat des Kantons Zürich.
© Zürich 1931/1955.
Das Zeichen * verweist auf die Anmerkungen zu
Psalmtexten Seite 391.

CIP-Titelaufnahme der Deutschen Bibliothek

Das Buch der Psalmen: Ein Eschbacher Bilderpsalter in acht Bänden /
[Hrsg. Martin Schmeisser.] –
Eschbach/Markgräflerland: Verlag am Eschbach;
Zürich: Theologischer Verlag Zürich; Leipzig: Thomas-Verlag Leipzig.
  (Eschbacher Bilderbibel)
  ISBN 3-88671-099-8   (Verlag am Eschbach)
  ISBN 3-290-10120-7   (Theologischer Verlag Zürich)
  ISBN 3-86174-010-9   (Thomas-Verlag Leipzig)
NE: Schmeisser, Martin [Hrsg.]

Bd. 8: Psalm 120–150. – (1993)
  ISBN 3-88671-098-X   (Verlag am Eschbach)
  ISBN 3-290-10128-2   (Theologischer Verlag Zürich)
  ISBN 3-86174-008-7   (Thomas-Verlag Leipzig)

© 1993 Verlag am Eschbach GmbH
Im Alten Rathaus · D-7849 Eschbach/Markgräflerland
Alle Rechte an dieser Ausgabe vorbehalten

Theologischer Verlag Zürich
Räffelstr. 20 · CH-8045 Zürich

Thomas-Verlag Leipzig GmbH
Weissenfelser Straße 33 · O-7031 Leipzig

Grafische Gestaltung: Reinhard Liedtke, Gelnhausen
Reproduktionen: Repro-Technik-Schröder, Uelzen
Satz und Druck: B & K Offsetdruck GmbH, Ottersweier
Verarbeitung: Großbuchbinderei Josef Spinner, Ottersweier

Das Buch der Psalmen
Band 8

Psalm 120–150

Verlag am Eschbach
Theologischer Verlag Zürich
Thomas-Verlag Leipzig

Max Hunziker, David mit Kelch, o. J.

Vom Loben

Clive Staples Lewis

Als ich mich dem Gottesglauben zu nähern begann und auch noch geraume Zeit, nachdem er mir geschenkt worden, war mir die Forderung, welche von allen religiösen Leuten so lautstark erhoben wird, daß wir nämlich Gott »preisen« sollten, ein Stein des Anstoßes; und noch viel mehr der Hinweis, daß Gott selbst es verlange ... Besonders die Psalmen machten mir in dieser Hinsicht zu schaffen: »Preiset den Herrn«, »Oh, preiset mit mir den Herrn«, »Preist Ihn« ...

Doch das Selbstverständlichste – sei es am Gotteslob oder an jedem andern Rühmen – entging mir seltsamerweise. Ich stellte mir das Preisen als Kompliment, als Beifall oder Ehrbezeugung vor. Ich hatte nie bemerkt, daß jede Freude unmittelbar in Lob überfließt, wenn nicht (manchmal obwohl) Schüchternheit oder die Scheu, anderen lästig zu fallen, absichtlich aufgeboten werden, sie daran zu hindern. Die Welt hallt von Lobpreis: Liebende preisen die Dame ihres Herzens, Leser ihren Lieblingsdichter, Wanderer die Landschaft, Spieler ihr Lieblingsspiel – Wetter, Weine, Gerichte, Schauspieler, Motoren, Pferde, Schulen, Länder, Persönlichkeiten der Geschichte, Kinder, Blumen, Berge, seltene Briefmarken, seltene Käfer, manchmal sogar Politiker oder Gelehrte; alles wird gepriesen. Es war mir entgangen, daß die demütigsten und gleichzeitig ausgewogensten und umfassendsten Geister am meisten loben, während es am wenigsten die Sonderlinge, Eigenbrötler und Unzufriedenen tun ... Nicht minder war mir entgangen, daß die Leute uns ebenso unmittelbar, wie sie alles loben, was ihnen teuer ist, auffordern, in ihr Lob einzustimmen: »Ist sie nicht entzückend? War es nicht herrlich? Finden Sie das nicht großartig?« Wenn die Psalmisten von jedermann verlangen, er solle Gott loben, tun sie nichts anderes, als was jeder tut, der von etwas redet, das ihm lieb ist. – Ganz allgemein rührte meine Schwierigkeit mit dem Gotteslob daher, daß ich uns unsinnigerweise in bezug auf das höchste Gut etwas absprechen wollte, was wir mit Freude tun, ja, was wir gar nicht lassen können, wo es sich um irgendein anderes Gut handelt.

Ich glaube, wir loben darum so gern, was uns Freude macht, weil das Lob unsere Freude nicht nur zum Ausdruck bringt, sondern sie mehrt, sie zu ihrer gottgewollten Erfüllung bringt. Nicht aus Höflichkeit sagen Liebende einander immer wieder, wie schön sie seien; das Entzücken ist solange unvollständig, als es nicht ausgedrückt ist ... Je würdiger der Gegenstand, umso inniger wäre das Entzücken. Wäre es einer geschaffenen Seele möglich, den allerwürdigsten Gegenstand voll (ich meine bis zur Fülle des Maßes, das einem endlichen Wesen gegeben ist) »auszukosten«, das heißt, ihn zu lieben und zu genießen, und gleichzeitig in jedem Augenblick diesem Entzücken vollkommen Ausdruck zu geben, dann hätte diese Seele höchste Seligkeit erlangt. Solche Gedanken verhelfen mir am leichtesten zu einem Verständnis der christlichen Lehre, wonach der »Himmel« ein Zustand ist, in dem jetzt die Engel und nachmals auch die Menschen unaufhörlich damit beschäftigt sind, Gott zu preisen ...

Um einzusehen, was die Lehre eigentlich besagt, müssen wir uns in einer vollkommenen Liebesbeziehung zu Gott vorstellen – trunken, eingetaucht und aufgelöst in einem Entzücken, welches, weit davon entfernt als unmittelbares und daher fast unerträgliches Glück in uns verschlossen zu bleiben, vielmehr unaufhörlich in mühelosem und vollkommenem Ausdruck wieder von uns ausströmt, wobei unsere Freude und der Lobpreis, worin sie sich befreit und äußert, ebensowenig getrennt werden können wie der Glanz, der in einen Spiegel fällt, und der Glanz, den er verbreitet. Der schottische Katechismus sagt, das wichtigste Ziel des Menschen sei, »Gott zu preisen und sich auf immer an Ihm zu freuen«. Aber einmal werden wir erfahren, daß diese zwei Dinge eins sind. Volle Freude heißt Rühmen. Mit dem Befehl, Ihn zu rühmen, lädt uns Gott zur Freude an Ihm ein.

Vorerst sind wir, wie Donne sagt, noch dabei, unsere Instrumente zu stimmen. Das Stimmen eines Orchesters kann an sich schon einen Genuß bieten, aber nur für den, der in einem gewissen, wenn auch kleinen Maße die Symphonie ahnt. Die jüdischen Opfer und sogar unsere heiligsten Riten, so wie sie der Mensch erfährt, sind ähnlich dem Stimmen Verheißung; nicht Verwirklichung. Daher mögen sie wie das Stimmen viel Pflicht und wenig Freude enthalten – oder auch gar keine. Aber die Pflicht steht im Dienste der Freude. Wenn wir unseren »religiösen Pflichten« nachkommen, gleichen wir Leuten, die in wasserlosem Lande Kanäle ausheben, damit das Wasser, wenn es endlich kommt, sie bereit finde. Ich meine, meistens. Schon jetzt gibt es glückliche Augenblicke, in denen ein Rinnsal durchs trockene Bett sickert; und es gibt glückliche Seelen, denen das oft widerfährt.

Aus: C. S. Lewis (geb. 1889 in Belfast, zunächst kämpferischer Atheist, ab 1929 Christ, gest. 1963 in Oxford), Das Gespräch mit Gott. Gedanken zu den Psalmen. Mit einem Vorwort von Erich Zenger, Benziger Verlag Zürich, 3. erweiterte Auflage 1992.

Bei den Hassern des Friedens
wohne ich

120 [Ein Wallfahrtslied.*]
Ihn rief ich an in meiner Not,
und er hat mich erhört.

2 Du, errette mich vor dem Lügenmaul
und vor der falschen Zunge! –

3 Was soll er dir zufügen
und was noch weiter, du falsche Zunge?

4 Kriegerpfeile, geschärfte,
dazu Kohlen vom Ginsterstrauch! –

5 Wehe mir, daß ich weile in Mesech,
daß ich wohne bei den Zelten von Kedar!*

6 Zu lange schon wohne ich zusammen
mit denen, die den Frieden hassen!

7 Ich halte Frieden;
doch wenn ich nur rede,
so suchen sie Streit.

Woher wird mir
Hilfe kommen?

121 [Ein Wallfahrtslied.]
Ich hebe meine Augen auf zu den Bergen:
woher wird mir Hilfe kommen?

2 Meine Hilfe kommt von Ihm,
der Himmel und Erde gemacht hat.

3 Er kann deinen Fuß nicht gleiten lassen;
der dich behütet, kann nicht schlummern!

4 Nein, er schlummert nicht und schläft nicht,
der Israel behütet.

5 Er ist dein Hüter, Er dein Schatten,
er geht zu deiner Rechten:

6 bei Tage wird dich die Sonne nicht stechen,
noch der Mond des Nachts.

7 Er behütet dich vor allem Übel,
er behütet dein Leben.

8 Er behütet deinen Ausgang und Eingang,
jetzt und immerdar.

Reiner Seibold, Schriftbild zu Psalm 121 (nach der Übersetzung Martin Luthers)

Jerusalem will ich
Frieden wünschen

122 [Ein Wallfahrtslied. Von David.]
Ich freute mich, da sie zu mir sprachen:
»Laßt uns wallen zu SEINEM Hause!«

2 Und nun stehen unsre Füße
in deinen Toren, Jerusalem!

3 Jerusalem, die du gebaut bist
wie eine wohlgefügte Stadt,

4 wohin die Stämme wallfahren,
die Stämme des Herrn.
Gesetz für Israel ist es,
IHN dort zu preisen.

5 Denn dort standen einst Throne zum Gericht,
Throne des Hauses Davids.

6 Wünschet Jerusalem Heil:
Sicher seien deine Gezelte!

7 Friede herrsche in deinen Mauern,
Sicherheit in deinen Palästen!

8 Um meiner Brüder und Freunde willen
will ich dir Frieden wünschen.

9 Um SEINES, unsres Gottes, Hauses willen
will ich um Glück flehen für dich.

Übersatt ist unsre Seele
des Spottes

123 [Ein Wallfahrtslied.]
Zu dir, der du im Himmel thronst,
erhebe ich meine Augen.

2 Siehe, wie Knechte ihre Augen erheben
zu der Hand ihres Herrn,
ja, wie die Augen der Magd
auf die Hand der Gebieterin,
so blicken unsre Augen auf IHN, unsern Gott,
bis er uns gnädig ist.

3 Sei uns gnädig, DU, sei uns gnädig!
Denn übersatt sind wir des Hohnes.

4 Übersatt ist unsre Seele des Spottes der Sichern
und des Hohnes der Stolzen.

Marc Chagall, Psalmen Davids, 1979 (zu Ps 122,1–5)

Das Netz ist zerrissen,
und wir sind entronnen

124 [Ein Wallfahrtslied. Von David.]
»Wäre Er nicht für uns gewesen«
– so möge Israel sprechen –,
2 »wäre Er nicht für uns gewesen,
als Menschen wider uns aufstanden:
3 dann hätten sie uns lebendig verschlungen,
da ihr Zorn wider uns entbrannt war,
4 dann hätten die Wasser uns überflutet.
es wäre der Wildbach über uns hingegangen,
5 über uns hingegangen wären
die überwallenden Wasser.«

6 Gelobt sei Er, der uns nicht dahingab
ihren Zähnen zum Raube!
7 Unsre Seele ist wie ein Vogel,
der dem Netze der Vogelsteller entronnen;
das Netz ist zerrissen,
und wir sind entronnen.
8 Unsre Hilfe steht in Seinem Namen,
der Himmel und Erde gemacht hat.

Die im Herrn sich bergen,
sind wie der Zionsberg

125 [Ein Wallfahrtslied.]
Die auf Ihn vertrauen,
sind wie der Berg Zion, der nicht wankt.
2 Ewig sicher steht Jerusalem,
rings von den Bergen umhegt;
so umhegt der Herr rings sein Volk,
jetzt und immerdar.

3 Er läßt das gottlose Szepter nicht lasten
auf dem Land der Gerechten,
auf daß die Gerechten ihre Hände
nicht ausstrecken zum Frevel.

4 Tue Gutes, Du, den Guten
und denen, die aufrichtigen Herzens sind!
5 Die aber auf krumme Wege abbiegen,
die lasse Er hinfahren mit den Übeltätern!
Heil über Israel!

Die mit Tränen säen,
werden mit Jubel ernten

126 [Ein Wallfahrtslied.]
Als ER wandte Zions Geschick,*
    da waren wir wie Träumende,
2 da war unser Mund voll Lachens
    und unsre Zunge voll Jubels.
Da sprach man unter den Heiden:
    »Großes hat ER an ihnen getan!«
3 Ja, Großes hat ER an uns getan;
    des waren wir fröhlich.

4 Wende, DU, unser Geschick,
    wie du im Mittagsland
    versiegte Bäche wiederbringst.

5 Die mit Tränen säen,
    werden mit Jubel ernten.
6 Man schreitet dahin unter Tränen
    und streut den Samen,
mit Jubel kehrt man heim,
    trägt hoch seine Garben.

»Die mit Tränen säen« (zu Ps 126,5–6), Stuttgarter Psalter, 9. Jh.

Den Seinen gibt er's
im Schlaf

127 [Ein Wallfahrtslied. Von Salomo.*]
Wenn ER nicht das Haus baut,
    so mühen sich umsonst, die daran bauen;
  wenn ER nicht die Stadt behütet,
    so wacht der Hüter umsonst.
2 Es ist umsonst, daß ihr früh aufsteht
    und spät euch niedersetzt
  und euer Brot in Mühsal eßt –,
    den Seinen gibt er's im Schlaf.

3 Siehe, Söhne sind eine Gabe von IHM,
    ein Lohn ist die Frucht des Leibes.
4 Wie Pfeile in der Hand des Helden,
    so sind Söhne der Jugendkraft.
5 Wohl dem Manne,
    der seine Köcher mit ihnen gefüllt hat:
  er wird nicht zuschanden,
    wenn er mit den Widersachern redet im Tor.

Marc Chagall, Der Psalm Salomos, aus »Die Bibel«, 1956

Wohl dir, du wirst
es gut haben

128 [Ein Wallfahrtslied.]
Wohl einem jeden, der IHN fürchtet
und auf seinen Wegen wandelt!
2 Deiner Hände Arbeit darfst du genießen;
wohl dir, du wirst es gut haben!
3 Dein Weib im Innern deines Hauses
ist wie ein fruchtbarer Weinstock,
deine Kinder rings um deinen Tisch
wie junge Ölbäumchen.
4 Wahrlich, gesegnet wird der Mann,
der IHN fürchtet.

5 Ja, so wird ER dich segnen vom Zion her,
daß du deine Lust schauest am Glück Jerusalems
alle Tage deines Lebens,
6 daß du schauest Kindeskinder.
Friede über Israel!

Auf meinem Rücken haben
die Pflüger gepflügt

129 [Ein Wallfahrtslied.]
»Sie haben mich viel bedrängt von Jugend an«
– so spreche Israel –,
2 »sie haben mich viel bedrängt von Jugend an
und haben mich nicht überwältigt.
3 Auf meinem Rücken haben die Pflüger gepflügt
und ihre Furchen lang gezogen.«

4 ER, der Gerechte, hat zerhauen
der Gottlosen Stränge.

5 Zuschanden werden und zurückweichen
müssen alle, die Zion hassen.
6 Sie sollen werden wie das Gras auf den Dächern,
das verwelkt, noch ehe es aufwächst,
7 mit dem der Schnitter die Hand nicht füllt,
noch der Garbenbinder den Arm,
8 so daß, die vorübergehen, nicht sprechen:
»SEIN Segen sei mit euch!
Wir segnen euch in SEINEM Namen.«

Max Hunziker, Rose, 1965

Aus der Tiefe
rufe ich zu dir

130 [Ein Wallfahrtslied.]
Aus der Tiefe rufe ich, Du, zu dir,
2 höre auf meine Stimme!
Laß deine Ohren merken
auf mein lautes Flehen!
3 Wenn du die Sünden anrechnest, o Du,
mein Herr, wer kann bestehen?
4 Doch bei dir ist Vergebung,
auf daß man dich fürchte.

5 Ich hoffe auf dich, o Du,
meine Seele hofft auf dein Wort.
6 Meine Seele harrt auf den Herrn,
mehr als die Wächter auf den Morgen,
Mehr als die Wächter auf den Morgen,
7 harre, Israel, auf Ihn!
Denn bei Ihm ist die Gnade,
bei ihm ist reichlich Erlösung.
8 Ja, er wird Israel erlösen
von all seinen Sünden.

Reiner Seibold, Schriftbild zu Psalm 130 (nach der Übersetzung Martin Luthers)

Frieden ist
in meiner Seele

131 [Ein Wallfahrtslied. Von David.]
Du! Mein Herz ist nicht hoffärtig,
   und meine Augen sind nicht stolz;
ich gehe nicht mit Dingen um,
   die mir zu hoch und zu wunderbar sind.

2 Fürwahr, ich habe meine Seele
   gestillt und beruhigt.
Wie ein Kind im Arm seiner Mutter,
   wie ein Kind ist stille in mir meine Seele.

3 Harre, Israel, auf IHN
   von nun an bis in Ewigkeit!

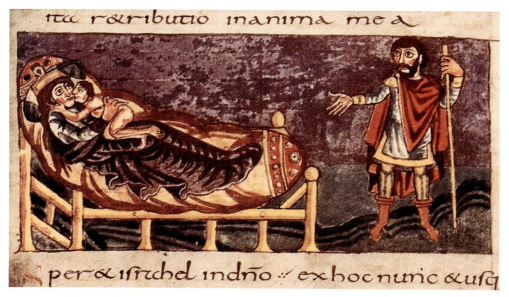

»Wie ein Kind im Arm seiner Mutter« (zu Ps 131,2), Stuttgarter Psalter, 9. Jh.

Zion hat der Herr
als Wohnung sich erkoren

132 [Ein Wallfahrtslied.*]
Gedenke, Du, Davids und all seiner Mühseligkeit,
2 wie er Dir geschworen,
dem Starken Jakobs gelobt hat:
3 »Ich will nicht in das Zelt meines Hauses gehen,
noch auf das Lager meines Bettes steigen,
4 ich will meinen Augen keinen Schlaf gönnen
und meinen Wimpern keinen Schlummer,
5 bis ich für Ihn eine Stätte finde,
eine Wohnung dem Starken Jakobs.«

6 Siehe, wir haben von ihr gehört in Ephrath,
haben sie gefunden im Waldgefilde.*
7 Laßt uns ziehen zu seiner Wohnung,
niederfallen vor dem Schemel seiner Füße.
8 Mache dich auf, Du, zu deiner Ruhstatt,
und mit dir deine machtvolle Lade!
9 Deine Priester sollen sich in Gerechtigkeit kleiden,
und deine Getreuen sollen jubeln!
10 Um Davids, deines Knechtes, willen
weise deinen Gesalbten nicht ab!

11 Geschworen hat Er dem David wahrhaften Eid,
davon er nicht abgeht:
»Einen Sproß aus deinem Geschlechte
will ich auf deinen Thron setzen.
12 Wenn deine Söhne meinen Bund halten
und meine Gesetze, die ich sie lehren will,
so sollen auch ihre Söhne für und für
auf deinem Throne sitzen. –«

13 Denn Er hat Zion erwählt,
als Wohnung für sich erkoren.
14 »Dies ist meine Ruhstatt für und für;
hier will ich wohnen, denn ich habe sie erkoren.
15 Mit Nahrung will ich sie reichlich segnen,
mit Brot ihre Armen sättigen.
16 Ihre Priester will ich mit Heil bekleiden,
und ihre Getreuen sollen laut jubeln.
17 Dort will ich David ein Horn sprossen lassen;*
meinem Gesalbten habe ich eine Leuchte bereitet.
18 Seine Feinde will ich mit Schande bekleiden,
doch ihm soll auf dem Haupte die Krone glänzen.«

Wie fein und lieblich ist
die Eintracht unter Brüdern

133 [Ein Wallfahrtslied. Von David.]
Siehe, wie fein und lieblich ist es,
    wenn Brüder einträchtig beieinander wohnen!
2 Wie das köstliche Öl auf dem Haupte,
    das niederfließt auf den Bart, den Bart Aarons,
    niederfließt auf den Saum seiner Gewänder!
3 Wie Hermontau, der herabfällt,
    auf die Berge Zions!
Denn dahin hat ER den Segen entboten,
    Leben bis in Ewigkeit.

Vom Zion her segne
dich der Herr

134 [Ein Wallfahrtslied.]
Auf! lobet IHN,
    ihr all SEINE Knechte,
die ihr steht in SEINEM Hause
    in den Nächten!
2 Hebt empor eure Hände zum Heiligtum
    und lobet IHN!
3 Vom Zion her segne dich ER,
    der Himmel und Erde gemacht hat!

Lobet den Herrn,
denn er ist gütig

135 Hallelujah!*
Lobet SEINEN Namen,
    lobt ihn, ihr SEINE Knechte,
2 die ihr steht in SEINEM Hause,
    in den Vorhöfen am Haus unsres Gottes!
3 Lobet IHN, denn ER ist gütig;
    lobsingt seinem Namen, denn er ist lieblich!
4 Denn erwählt hat ER sich Jakob,
    sich ausgesondert Israel.*

5 Ja, ich weiß: ER ist groß,
    unser Herr ist größer als alle Götter.
6 Alles, was ER will, vollbringt er
    im Himmel und auf Erden,
    im Meer und in allen Tiefen:
7 der Wolken heraufführt vom Ende der Erde,
    der Blitze zu Regen macht,
    der den Wind hervorholt aus seinen Kammern;
8 der die Erstgeburt in Ägypten schlug
    unter Menschen und Tieren;
9 der Zeichen und Wunder sandte in deine Mitte, Ägypten,
    über den Pharao und all seine Knechte;
10 der viele Völker schlug
    und mächtige Könige tötete:
11 Sihon, den König der Amoriter,
    und Og, den König von Basan,
    und alle Reiche in Kanaan.

12 Und er gab ihr Land zu eigen,
   zu eigen Israel, seinem Volke.
13 Du, dein Name währt ewig,
   Du, dein Gedächtnis von Geschlecht zu Geschlecht.

14 Denn Er schafft Recht seinem Volke,
   hat Mitleid mit seinen Knechten.
15 Die Götzen der Heiden sind Silber und Gold,
   ein Machwerk von Menschenhänden.
16 Sie haben einen Mund und können nicht reden,
   haben Augen und können nicht sehen.
17 Sie haben Ohren und hören nicht;
   auch ist kein Odem in ihrem Munde.
18 Ihnen werden gleich sein, die sie machen,
   alle, die auf sie vertrauen.*

19 Haus Israels, preiset Ihn!
   Haus Aarons, preiset Ihn!
20 Haus Levis, preiset Ihn!
   Die ihr den Herrn fürchtet, preiset Ihn!
21 Gepriesen sei Er vom Zion her,
   er, der in Jerusalem thront!
   Hallelujah!

Ja, seine Güte
währet ewig

136 Danket Ihm, denn er ist freundlich.
   Ja, seine Güte währet ewig!*
 2 Danket dem Gott der Götter!
   Ja, seine Güte währet ewig!
 3 Danket dem Herrn aller Herren!
   Ja, seine Güte währet ewig!

 4 Ihm, der allein große Wunder tut,
   ja, seine Güte währet ewig!
 5 der die Himmel mit Weisheit geschaffen,
   ja, seine Güte währet ewig!
 6 der die Erde auf die Wasser gegründet,
   ja, seine Güte währet ewig!
 7 der die großen Lichter gemacht hat:
   ja, seine Güte währet ewig!
 8 die Sonne zur Herrschaft am Tage,
   ja, seine Güte währet ewig!

Errettung Israels aus Ägypten (zu Ps 135,8f.; 136,10–15), Goldene Haggada, Katalonien, 14. Jh.

367

9 den Mond und die Sterne zur Herrschaft bei Nacht,
   ja, seine Güte währet ewig!

10 Der die Erstgeburt schlug in Ägypten,
   ja, seine Güte währet ewig!
11 und Israel von dannen herausführte,
   ja, seine Güte währet ewig!
12 mit starker Hand und ausgerecktem Arm,
   ja, seine Güte währet ewig!
13 der das Schilfmeer in Stücke zerteilte,
   ja, seine Güte währet ewig!
14 und Israel mitten hindurchziehen ließ,
   ja, seine Güte währet ewig!
15 und den Pharao samt seinem Heere hineintrieb,
   ja, seine Güte währet ewig!

16 Der sein Volk durch die Wüste führte,
   ja, seine Güte währet ewig!
17 der große Könige schlug,
   ja, seine Güte währet ewig!
18 und gewaltige Könige tötete:
   ja, seine Güte währet ewig!
19 Sihon, den König der Amoriter,
   ja, seine Güte währet ewig!
20 und Og, den König von Basan,
   ja, seine Güte währet ewig!
21 und ihr Land zu eigen gab,
   ja, seine Güte währet ewig!
22 zu eigen Israel, seinem Knechte;
   ja, seine Güte währet ewig!

23 Der in unsrer Niedrigkeit unser gedachte,
   ja, seine Güte währet ewig!
24 und uns losriß von unsern Bedrängern;
   ja, seine Güte währet ewig!
25 der Speise gibt allem Fleisch.
   Ja, seine Güte währet ewig!

26 Danket dem Herrn des Himmels!
   Ja, seine Güte währet ewig!

ותקח מרים הנביאה אחות אהרן את התף בירה   בעל הבית מצוה לצה ג'נ צ'ון ותזיכה לתינוקות

ברוך אתה ה' אלהינו   יוצא אכל יין מרית   ענטין צרכי הפסח

Mirjams Lobgesang und Passa, Goldene Haggada, Katalonien, 14. Jh.

An den Strömen Babels
saßen wir und weinten

137 An den Strömen Babels,
da saßen wir und weinten,
wenn wir Zions gedachten;
2 an die Weiden im Lande
hängten wir unsre Harfen.

3 Denn dort hießen uns singen,
die uns hinweggeführt,
hießen uns fröhlich sein unsere Peiniger:
»Singt uns eines von den Zionsliedern!«
4 Wie könnten wir SEIN Lied singen
auf fremder Erde?
5 Vergesse ich deiner, Jerusalem,
so müsse meine Rechte verdorren!
6 Die Zunge müsse mir am Gaumen kleben,
wenn ich dein nicht gedenke,
wenn ich nicht Jerusalem setze
über meine höchste Freude!

7 DU, vergiß den Söhnen Edoms nicht den Tag von Jerusalem;
sie sprachen: »Nieder, nieder mit ihr
bis auf den Grund!«

»An den Strömen Babels saßen wir und weinten« (zu Ps 137,1–4), Stuttgarter Psalter, 9. Jh.

8 Tochter Babel, Verwüsterin!
    Wohl dem, der dir vergilt,
    was du uns getan!
9 Wohl dem, der deine Kindlein packt
    und am Felsen zerschmettert!

Du gabst meiner Seele
große Kraft

138 [Von David.*]
Ich danke dir von ganzem Herzen,
    vor den Göttern will ich dir lobsingen.
2 Ich will anbeten vor deinem heiligen Tempel
    und will deinen Namen preisen
um deiner Güte und Treue willen;
    denn du hast deinen Namen über alles herrlich gemacht.

3 Am Tage, da ich rief, erhörtest du mich;
    du gabst meiner Seele große Kraft.

4 Es preisen dich, DU, alle Könige der Erde,
    wenn sie die Worte deines Mundes hören,
5 und singen von SEINEN Wegen;
    denn groß ist SEINE Herrlichkeit.
6 Ja, das Hohe und Niedrige sieht er,
    und den Stolzen stürzt er von ferne.
7 Wandle ich mitten in Drangsal,
    so erhältst du mich,
reckst gegen den Zorn meiner Feinde die Hand,
    und deine Rechte hilft mir.
8 ER wird es für mich vollenden.
    DU, deine Güte währet ewig;
    laß nicht fahren das Werk deiner Hände!

Wunderbar bin ich
geschaffen

139 [Für den Chormeister.
Ein Psalm Davids.*]

Du, du erforschest mich und kennst mich.
2 Ich sitze oder stehe, du weißt es,
   du verstehst meine Gedanken von ferne.
3 Ob ich gehe oder liege, du ermissest es,
   mit all meinen Wegen bist du vertraut.
4 Ja, es ist kein Wort auf meiner Zunge,
   das Du nicht wüßtest.
5 Du hältst mich von hinten und vorn umschlossen,
   hast deine Hand auf mich gelegt.

6 Zu wunderbar ist es für mich und unbegreiflich,
   zu hoch, als daß ich es faßte.
7 Wohin soll ich gehen vor deinem Geist?
   Wohin soll ich fliehen vor deinem Angesicht?
8 Stiege ich hinauf in den Himmel, so bist du dort;
   schlüge ich mein Lager in der Unterwelt auf –
   auch da bist du.
9 Nähme ich Flügel der Morgenröte
   und ließe mich nieder zuäußerst am Meer,
10 so würde auch dort deine Hand mich greifen,
   deine Rechte mich fassen.
11 Spräche ich: Finsternis soll mich bedecken,
   und Nacht sei das Licht um mich her,
12 so wäre auch die Finsternis nicht finster für dich,
   die Nacht würde leuchten wie der Tag.

13 Denn du hast meine Nieren geschaffen,
   hast mich gewoben im Schoß meiner Mutter.
14 Ich danke dir, daß ich so wunderbar geschaffen bin,
   ja, wunderbar sind deine Werke.
15 Meine Seele kanntest du wohl,
   mein Gebein war dir nicht verborgen,
   als ich im Dunkeln gebildet ward,
   kunstvoll gewirkt in den Tiefen der Erde.
16 Deine Augen sahen all meine Tage,
   in dein Buch sind sie alle geschrieben,
   meine Tage waren schon gestaltet,
   als noch keiner von ihnen da war.
17 Wie unergründlich sind mir, Gott, deine Gedanken,
   wie gewaltig ist ihre Zahl!
18 Wollte ich sie zählen, ihrer wären mehr als Sandkörner,
   wäre ich am Ende, ich wäre noch immer bei dir.

Max Hunziker, Angesicht im Himmel und blühender Strauch, 1965

19 Ach wolltest du doch, Gott, den Frevler töten!
   Daß doch die Blutmenschen von mir wichen,
20 die dir frevelhaft widerstehen
   und deinen Namen mißbrauchen!
21 Sollte ich nicht hassen, Du, die dich hassen,
   nicht verabscheuen, die sich wider dich auflehnen?
22 Ich hasse sie mit vollkommenem Haß,
   als Feinde gelten sie mir.

23 Erforsche mich, Gott, und erkenne mein Herz;
   prüfe mich und erkenne meine Gedanken.
24 Sieh, ob ich auf dem Weg der Arglist bin,
   und leite mich auf dem Weg, der bleibt!*

Vernimm, o Herr, mein lautes Flehen

140 [Für den Chormeister.
Ein Psalm Davids.*]

2 Errette mich, Du, vor den bösen Menschen,
   vor den Gewalttätigen bewahre mich,
3 die im Herzen auf Böses sinnen
   und allezeit Streit erregen!
4 Sie haben scharfe Zungen wie eine Schlange;
   Otterngift ist unter ihren Lippen. [Sela.]

»Errette mich vor den bösen Menschen« (zu Ps 140,2–7), Stuttgarter Psalter, 9. Jh.

5 Behüte mich, DU, vor den Händen der Gottlosen,
  vor den Gewalttätigen bewahre mich,
  die darauf denken, mich zu Fall zu bringen,
6 die mir versteckte Schlingen und Stricke gelegt,
  ein Netz ausgebreitet für meine Füße,
  zur Seite des Weges mir Fallen gestellt! [Sela.]

7 Ich spreche zu IHM: »Du bist mein Gott,
  vernimm, DU, mein lautes Flehen!
8 DU, mein Gott, du meine starke Hilfe,
  du beschirmst mein Haupt am Tage des Kampfes.
9 Gewähre nicht, DU, die Wünsche des Gottlosen,
  laß seinen Anschlag wider mich nicht gelingen!« [Sela.]

10 Nicht sollen das Haupt erheben, die mich umzingeln;
   das Unheil ihrer Lippen bedecke sie!
11 Er lasse feurige Kohlen auf sie regnen,
   er stürze sie in die Tiefe,
   daß sie nicht mehr aufstehn!
12 Der Verleumder wird nicht bestehen im Lande;
   den Gewalttätigen wird Unglück jagen, Stoß auf Stoß.

13 Ich weiß, ER führt der Elenden Sache,
   er schafft den Armen ihr Recht.
14 Ja, die Gerechten werden deinen Namen preisen,
   die Redlichen werden vor deinem Angesicht wohnen.

Höre meine Stimme,
wenn ich zu dir rufe

141 [Ein Psalm Davids.]
DU, ich rufe dich an, eile zu mir;
  höre meine Stimme, wenn ich zu dir rufe.
2 Mein Gebet gelte vor dir als Räucherwerk,
  meiner Hände Erheben als ein Abendopfer.

3 Setze, DU, eine Wache meinem Mund
  und eine Hut der Tür meiner Lippen.
4 Laß mein Herz sich nicht neigen zum Bösen,
  daß ich gottlose Taten beginge
mit Menschen, die Übles tun;
  von ihren Leckerbissen will ich nicht kosten.
5 Schlägt mich der Gerechte, so ist es Güte,
  züchtigt er mich, so ist es Öl für das Haupt;
  nicht soll mein Haupt es zurückweisen.*

8 Doch auf dich, Du, mein Gott,
   sind meine Augen gerichtet,
 auf dich vertraue ich.
   Schütte mein Leben nicht aus!
9 Behüte mich vor der Schlinge, die sie mir gelegt,
   und vor den Fallstricken der Übeltäter.
10 Laß die Gottlosen allzumal fallen ins eigne Netz,
   indes ich sicher vorübergehe.

Ich schütte vor dir
meine Klage aus

142 [Ein Weisheitslied Davids, als er in der Höhle war. Ein Gebet.*]

2 Laut schreie ich zu IHM,
   laut flehe ich zu IHM,
3 meine Klage schütte ich vor ihm aus,
   tue kund vor ihm meine Not.
4 Wenn mein Geist in mir verzagt ist,
   du weißt meinen Pfad;
 auf dem Wege, den ich wandle,
   haben sie mir eine Schlinge gelegt.

5 Ich blicke zur Rechten und schaue:
   niemand ist, der meiner achtet.
 Verloren ist für mich die Zuflucht;
   niemand fragt nach meinem Leben.

6 Ich schreie zu dir, Du,
   ich spreche: Du bist meine Zuversicht,
   mein Teil im Lande der Lebenden.
7 O merke auf mein Flehen;
   denn ich bin gar schwach.
 Errette mich vor meinen Verfolgern;
   denn sie sind mir zu mächtig.
8 Führe mich hinaus aus dem Kerker,
   daß ich deinen Namen preise!
 Die Gerechten werden sich um mich scharen,
   wenn du mir Gutes erweisest.

Max Hunziker, Weinender David, 1965

Errette mich und
führe mich aus der Not

143 [Ein Psalm Davids.]
Du, höre auf mein Gebet, vernimm mein Flehen,
in deiner Treue, in deiner Gnade erhöre mich!

2 Gehe nicht ins Gericht mit deinem Knechte;
kein Lebender ist ja vor dir gerecht.

3 Denn der Feind trachtet mir nach dem Leben;
er tritt mich zu Boden, zermalmt mich,
legt mich in Finsternis gleich ewig Toten.

4 Und mein Geist in mir will verzagen,
mein Herz erstarrt in der Brust.

5 Ich gedenke vergangener Tage,
ich sinne nach über all dein Tun
und erwäge das Werk deiner Hände.

6 Ich breite meine Hände aus zu dir;
meine Seele verlangt nach dir
wie lechzendes Land. [Sela.]

7 Erhöre mich bald, Du;
mein Geist verzehrt sich;
verbirg dein Angesicht nicht vor mir,
daß ich nicht denen gleich werde, die zur Grube fahren.

8 Laß mich am Morgen deine Gnade hören,
denn ich vertraue auf dich.
Tue mir kund den Weg, den ich gehen soll,
denn zu dir erhebe ich meine Seele.

9 Errette mich vor meinen Feinden, Du!
Zu dir nehme ich meine Zuflucht.

10 Lehre mich deinen Willen tun,
denn du bist mein Gott;
dein guter Geist führe mich auf ebener Bahn.

11 Um deines Namens willen, Du, erhalte mich!
in deiner Treue führe meine Seele aus der Not.

12 In deiner Güte vertilge meine Feinde
und laß umkommen alle, die mich bedrängen;
denn ich bin dein Knecht.

Marc Chagall, Psalmen Davids, 1979 (zu Ps 143,1.6f.12)

Was ist der Mensch,
daß du dich seiner annimmst?

144 [Von David.*]
Gelobt sei ER, mein Fels,
der meine Hände den Kampf lehrt
und meine Fäuste den Krieg.
2 Mein Hort und meine Burg,
meine Feste und mein Erretter,
mein Schild, du, auf den ich vertraue,
der die Völker unter mich zwingt.

3 DU, was ist der Mensch, daß du dich seiner annimmst,
und das Menschenkind, daß du sein achtest?
4 Der Mensch gleicht einem Hauche,
seine Tage sind wie ein flüchtiger Schatten.

5 DU, neige deinen Himmel und fahre herab,
rühre die Berge an, daß sie rauchen!
6 Schleudre Blitze und zerstreue sie,
schieße deine Pfeile und jage sie!
7 Recke deine Hand aus der Höhe,
rette, reiße mich aus großen Wassern,
aus der Hand der Söhne des fremden Landes,
8 deren Mund Lüge redet
und deren Rechte Meineid schwört.

9 O Gott, ich will dir ein neues Lied singen,
auf zehnsaitiger Harfe will ich dir spielen!
10 der du den Königen Sieg gibst
und deinen Knecht David errettest.
11 Vom bösen Schwerte errette mich,
reiße mich aus der Hand der Söhne des fremden Landes,
deren Mund Lüge redet
und deren Rechte Meineid schwört.
12 Unsre Söhne sind in ihrer Jugendkraft
gleich hochgezogenen Stämmen,
unsere Töchter sind wie Säulen,
gemeißelt für den Palastbau.
13 Unsre Speicher sind gefüllt
und spenden Vorrat von jeder Art.
Unsre Schafe mehren sich tausendfach,
vieltausendfach auf unsern Fluren.
14 Unsre Rinder sind schwer beladen.
Kein Unglück, kein Ausfall
und kein Geschrei auf unsern Straßen!
15 Wohl dem Volk, dem es also geht!
wohl dem Volk, dessen Gott ER ist!

Tag um Tag
will ich dich preisen

145 [Ein Lobgesang Davids.*]
Ich will dich erheben, mein Gott und König,
und deinen Namen preisen immer und ewig!
2 Tag um Tag will ich dich preisen
und deinen Namen rühmen immer und ewig!

3 Groß ist ER und hoch zu loben,
und seine Größe ist unerforschlich.
4 Ein Geschlecht rühmt dem andern deine Werke
und verkündet deine mächtigen Taten.
5 Von der hehren Pracht deiner Hoheit reden sie,
deine Wunder will ich besingen.
6 Von der Macht deiner furchtbaren Taten sagen sie,
deine Großtaten will ich erzählen.
7 Das Gedächtnis deiner großen Güte verkünden sie
und jubeln ob deiner Gerechtigkeit.

8 Gnädig und barmherzig ist ER,
langmütig und reich an Huld.
9 Gütig ist ER gegen alle,
und sein Erbarmen waltet über all seinen Werken.

10 Es preisen dich, DU, all deine Werke,
und deine Frommen loben dich.
11 Sie rühmen die Herrlichkeit deines Reiches
und reden von deiner Macht,
12 daß sie den Menschen deine Machttaten kundtun
und die hehre Pracht deines Reiches.
13 Dein Reich ist ein Reich für alle Ewigkeit,
und deine Herrschaft währt
von Geschlecht zu Geschlecht.
Treu ist ER in allen seinen Worten
und gnädig in all seinem Tun.
14 ER stützt alle, die da fallen,
und richtet alle Gebeugten auf.
15 Aller Augen warten auf dich,
und du gibst ihnen ihre Speise zu seiner Zeit.
16 Du tust deine Hand auf
und sättigst alles, was lebt, mit Wohlgefallen.

17 Gerecht ist ER in allen seinen Wegen
und gnädig in all seinem Tun.
18 Nahe ist ER allen, die ihn anrufen,
allen, die ihn mit Ernst anrufen.

19 Er erfüllt der Gottesfürchtigen Begehr,
    er hört ihr Schreien und hilft ihnen.
20 ER behütet alle, die ihn lieben,
    alle Gottlosen aber wird er vertilgen.

21 Mein Mund soll SEIN Lob verkünden,
    und alles, was lebt, lobe seinen heiligen Namen,
    immer und ewig!

Meinem Gott will ich singen, solange ich bin

146 Hallelujah!
Lobe meine Seele, IHN!
2 Ich will IHN loben, solange ich lebe,
    will meinem Gott singen, solange ich bin.

3 Verlasset euch nicht auf Fürsten,
    nicht auf den Menschen, bei dem doch keine Hilfe ist.
4 Fährt sein Odem aus, so kehrt er wieder zur Erde,
    und alsbald ist's aus mit seinen Plänen.

5 Wohl dem, dessen Hilfe der Gott Jakobs,
    dessen Hoffnung ER, sein Gott, ist,
6 der Gott, der Himmel und Erde gemacht hat,
    das Meer und alles, was in ihnen ist,
    der ewiglich Treue hält,
7 der Recht schafft den Unterdrückten,
    der den Hungernden Brot gibt.
    ER erlöst die Gefangenen,
8 ER öffnet den Blinden die Augen,
    ER richtet die Gebeugten auf,
    ER liebt die Gerechten.
9 ER behütet den Fremdling,
    Waisen und Witwen hilft er auf,
    doch in die Irre führt er die Gottlosen.

10 ER wird herrschen in Ewigkeit,
    dein Gott, o Zion, von Geschlecht zu Geschlecht!
    Hallelujah!

König David mit Musikanten, Cotton-Psalter, England, 8. Jh.

Israel – Zion, lobsinge
deinem Gott!

147 Hallelujah!*
Lobet IHN! Denn schön ist's, ihm zu singen;
  unserm Gott gebührt Lobgesang.
2 ER baut Jerusalem auf,
  er sammelt die Versprengten Israels,
3 er, der da heilt, die gebrochenen Herzens sind,
  und ihre Wunden verbindet;
4 der den Sternen die Zahl bestimmt
  und sie alle mit Namen ruft.
5 Groß ist unser Herr und reich an Macht;
  seine Weisheit ist nicht zu ermessen.
6 ER hilft den Gebeugten auf,
  die Gottlosen erniedrigt er in den Staub.
7 Hebt an und singet IHM ein Danklied,
  spielt unserm Gott auf der Harfe!
8 der den Himmel mit Wolken bedeckt,
  der der Erde den Regen schafft,
  der auf den Bergen das Gras sprießen läßt
  und Gewächse für den Bedarf der Menschen;
9 der dem Vieh seine Speise gibt,
  den jungen Raben, die zu ihm schreien.
10 Er hat nicht Lust an der Stärke des Rosses,
  nicht Gefallen an den Schenkeln des Mannes.
11 Dem Herrn gefallen, die ihn fürchten,
  die auf seine Güte harren.

12 Jerusalem, preise IHN,
  lobsinge, Zion, deinem Gott,
13 daß er die Riegel deiner Tore gefestigt,
  deine Kinder in dir gesegnet;
14 ihm, der deinen Grenzen Frieden schafft,
  mit dem Mark des Weizens dich sättigt,
15 der sein Wort zur Erde entsendet –
  in Eile läuft sein Gebot –,
16 der Schnee spendet gleich Wollflocken
  und Reif wie Asche ausstreut,
17 der sein Eis gleich Brocken hinwirft,
  vor dessen Frost die Wasser erstarren.
18 Er sendet sein Wort – es zerschmelzt sie;
  er läßt seinen Wind wehen – da rieseln die Wasser.
19 Er verkündet Jakob sein Wort,
  Israel seine Satzungen und Rechte.
20 Dergleichen hat er keinem Volke getan:
  seine Rechte kennen sie nicht.
  Hallelujah!

Marc Chagall, Psalmen Davids, 1979 (zu Ps 147,7.12–14)

Lobet den Herrn vom Himmel
und von der Erde her

148 Hallelujah!
Lobet IHN vom Himmel her,
   lobet ihn in den Höhen!
2 Lobet ihn, all seine Engel,
   lobet ihn, alle seine Heerscharen!
3 Lobet ihn, Sonne und Mond,
   lobet ihn, ihr leuchtenden Sterne!
4 Lobet ihn, ihr Himmel aller Himmel,
   und ihr Wasser über der Feste!
5 Sie sollen loben SEINEN Namen;
   denn er gebot, und sie waren geschaffen.
6 Er stellte sie fest auf immer und ewig;
   er gab eine Ordnung, die übertreten sie nicht.

7 Lobet IHN von der Erde her,
   ihr Ungetüme und Fluten alle!
8 Du Feuer und Hagel, Schnee und Rauch,
   du Sturmwind, der sein Wort ausrichtet!
9 Ihr Berge und Hügel allzumal,
   ihr Fruchtbäume und Zedern alle,
10 ihr wilden Tiere und ihr zahmen,
   du Gewürm und ihr, beschwingte Vögel!
11 Ihr Könige der Erde und all ihr Völker,
   ihr Fürsten und Richter der Erde zumal,
12 ihr jungen Männer und ihr jungen Mädchen alle,
   ihr Alten mitsamt den Kindern!
13 Sie sollen loben SEINEN Namen;
   denn sein Name allein ist erhaben,
   seine Hoheit geht über Erde und Himmel.

14 Er wird das Horn seinem Volk erhöhen –*
   ein Ruhm für all seine Getreuen,
   für die Söhne Israels, das Volk, das ihm nahesteht.
   Hallelujah!

»Lobet den Herrn«, Russische Ikone zu Psalm 148, 16. Jh.

Sein Lob erschalle
in der Gemeinde der Getreuen

149 Hallelujah!
Singet Iʜᴍ ein neues Lied,
sein Lob erschalle in der Gemeinde der Getreuen!*

2 Es freue sich Israel seines Schöpfers,
die Söhne Zions sollen ob ihrem König frohlocken,

3 sollen seinen Namen loben im Reigen,
mit Handpauken und Harfen ihm spielen!

4 Denn Eʀ hat Wohlgefallen an seinem Volke;
er krönt die Gebeugten mit Sieg.

5 Die Getreuen werden frohlocken in Ehre
und jauchzen auf ihren Lagern,

6 Lobpreisungen Gottes im Munde
und ein zweischneidiges Schwert in der Hand,

7 Vergeltung zu üben an den Heiden
und Züchtigung an den Nationen,

8 ihre Könige mit Ketten zu binden
und ihre Edlen mit eisernen Fesseln,

9 an ihnen zu vollziehen geschriebenes Gericht.
Ehre ist solches für all seine Getreuen.
Hallelujah!

Alles, was Odem hat,
lobe den Herrn!

150 Hallelujah!
Lobet Gott in seinem Heiligtum,
lobet ihn in seiner starken Feste!

2 Lobet ihn ob seiner mächtigen Taten,
lobet ihn nach der Fülle seiner Hoheit!

3 Lobet ihn mit dem Schall der Posaunen;
lobet ihn mit Psalter und Harfe!

4 Lobet ihn mit Handpauken und Reigen,
lobet ihn mit Saitenspiel und Schalmei!

5 Lobet ihn mit klingenden Zimbeln,
lobet ihn mit schallenden Zimbeln!

6 Alles, was Odem hat, lobe Iʜɴ!
Hallelujah!

CXLVIIII ALLELUIA

CANTATE DNO
CANTICUM NOUUM LAUS
EIUS IN ECCLESIA SCORUM ;
LAETEIURISRAHELINEOQUI
FECITEUM ETFILII SION EX
SULTENT INREGE SUO ;
LAUDENT NOMEN EIUS IN
CHORO INTYMPANO
ETPSALTERIO PSALLANTEI
QUIABENEPLACITUMEST

ALLELUIA

DNO INPOPULO SUO ETEX
ALTABIT MANSUETOS IN
SALUTE ,
EXSULTABUNT SCI INGLORI
A LAETABUNTUR INCUBI
LIBUS SUIS ,
EXSULTATIONES DIINGUT
TURE EORUM ETGLADII
ANCIPITES INMANIB; EOR
AD FACIENDAM UINDICTA

INNATIONIBUS INCRE
PATIONES INPOPULIS
ADALLIGANDOS REGES EORU
INCOMPEDIBUS ETNO
BILES EORUM INMANICIS
FERREIS ;
UT FACIANTINEIS IUDICIU
CONSCRIPTUM GLORIA
HAEC EST OMNIBUS SCIS
EIUS ;

Illustration zu Psalm 149 (oben) und zu Psalm 150 (unten), Utrecht-Psalter, 9. Jh.

389

Hinweise zu den Bildern in Band 8

Eine Einführung in die Illustration des Psalters finden Sie in Band 1, ab Seite 48.

Umschlag und Seite 348
Max Hunziker, David mit Kelch, o. J. – Acryl auf Papier, 78 x 58 cm. – Privatbesitz (Foto Peter Guggenbühl, Zürich; zu Max Hunziker s. Bd. 1, S. 50).

Seite 351 und 361
Reiner Seibold, Schriftbilder zu Psalmen (vgl. Bd. 2, S. 98). – S. 351: Schriftbild zu Ps 121; S. 361: Schriftbild zu Ps 130, © Reiner Seibold, Kierspe/Verlag am Eschbach, 1993.

Seite 353, 379 und 385
Marc Chagall, Psalmen Davids, 1979 (s. Bd. 2, S. 98). – S. 353: Ps 122, 1–5; S. 379: Ps 143,1. 6f. 12; S. 385: Ps 147,7. 12–14 (Bildvorlagen Galerie Patrick Cramer, Genf), © VG Bild-Kunst, Bonn, 1990.

Seite 355
»Die mit Tränen säen« (zu Ps 126,5–6). – Stuttgarter Psalter, St. Germain des Prés, Paris, um 820 (s. Bd. 1, S. 48f. und 51). – Stuttgart, Württembergische Landesbibliothek, bibl. fol. 23, fol. 146 r. (Foto Bibliothek).

538 vor unserer Zeitrechnung erlaubte der Perserkönig Cyrus den Juden im babylonischen Exil (vgl. Ps 137 und Bild S. 370), in ihre Heimat um Jerusalem zurückzukehren. Sie kamen mit großen Hoffnungen und ernteten zunächst tiefe Enttäuschungen. Ihr Land war von anderen besetzt, zum Teil auch verwildert und nicht kultivierbar. Sie gewannen nicht so sehr die Freiheit, sondern fanden das Elend, aus dem heraus sie den 126. Psalm sangen. Zu diesem Lied, das bedrängte Menschen aller Zeiten gesungen haben und singen als Ausdruck ihrer Hoffnung, daß auf Tränen Freude folgt und die Treue Gottes noch immer gilt – trotz allen Elends, zeigt der Stuttgarter Psalter ein Bild, das die Sinne unmittelbar anspricht.

Seite 357
Marc Chagall, Der Psalm Salomos (zu Ps 127, der, wie auch Ps 72, Salomo – dem Sohn Davids, dem König von Israel [etwa 965–926], dem Erbauer des Tempels, dem Weisen und Dichter des Hohenlieds – zugeschrieben wird; vgl. V. 1); Farblithographie aus »Die Bibel« (VERVE-Bibel I, 1956), Blatt 11, 35,5 x 26,5 cm. – Hannover, Sammlung Sprengel I, 409 ff./11 (Foto Museum), © VG Bild-Kunst, Bonn, 1992.

Seite 359, 373 und 377
Max Hunziker, Grisaillen (Weiß-Schwarz-Grau-Malereien, Format 27 x 19 cm) zum Psalter, 1965 (s. Bd. 3, S. 146). – S. 359: Rose (zu Ps 128 – die vom Regen getränkte Rose als Symbol von Segensverheißung, die Ps 128 zuspricht); S. 373: Angesicht im Himmel und blühender Strauch (zu Ps 139); S. 377: Weinender David (zu Ps 142). – Privatbesitz (mit freundlicher Genehmigung von Frau Gertrud Hunziker-Fromm; Fotos Peter Guggenbühl, Zürich).

Zur Erstveröffentlichung der 40 Grisaillen zum Psalter (Württembergische Bibelanstalt, Stuttgart 1966) schreibt Gerhard Gollwitzer: »Und nun hat Max Hunziker Bilder zu den Psalmen gemalt in reichnuanciertem Grau und Schwarz … und siehe da: … die alte Botschaft hat einen neuen Klang! Stationen unseres Lebens, Versuchungen und Tröstungen, Verlassenheit und Führung, Abfall und Heimkehr, Schwäche und Stärkung sind neu geschaut, und wir lesen sie neu. Das sind Meditationen, nicht Illustrationen! Gesichte in Bildern. Sie entstammen dem aufmerksamen Lesen und Sprechen der Psalmen und begleiten die Gedanken und Worte der Psalmisten. Die einen sind enger einem Psalmvers zugeordnet, andere mehrmals wiederkehrenden Sätzen, wieder andere sind freie Variationen der Psalmthemen.«

Seite 362
»Wie ein Kind im Arm seiner Mutter« (zu Ps 131,2). – Stuttgarter Psalter (s. o.: Hinweise zu S. 355), fol. 148 r. (Foto Bibliothek).

In ein anrührendes Bild faßt der Stuttgarter Psalter den »Psalm des kontemplativen Gebets« (Carlo Caretto): Ein Mann mit langem Wanderstock hält gleichsam im Vorbeigehen inne und weist mit einer großen Handbewegung auf ein Kind, daß in den Armen seiner Mutter liegt, als wolle er sagen: Ich bin ein Mensch unterwegs, der alle Gefahren kennt, die von außen und die von innen, aber ich kenne auch die guten Stunden voll tiefen Friedens, in denen ich den Psalm nachsprechen kann. Und die Frau, die auf einem geschnitzten Bett und einem schönen Polster ruht und ihr Kind hält, trägt einen Kronreif. Sie ist ein Gleichnis für Gott, bei dem die Seele des Sängers ruht.

Seite 364 und 365
Ben Shahn, Lithographienfolge »Halleluja-Suite«, 1970/71 (S. 364: Junger Trompetenbläser; S. 365: Mädchen mit klingenden Cymbeln) © VG Bild-Kunst, Bonn, 1992.

Seite 367 und 369
Analog zu den Illustrationen zu Ps 77/78 und 105/106 (vgl. Bd. 5 und Bd. 6) bringen wir zu Ps 135 und 136 zwei Blätter aus der um 1320 vermutlich in Barcelona geschaffenen »Goldenen Haggada« (zu »Haggada« vgl. Bd. 5, S. 242), London, The British Library, Ms. Add 27210, fol. 14v. und 15r. (Fotos Bibliothek). Das Bild S. 367 zeigt (von rechts nach links): Tod der Erstgeborenen/Auszug aus Ägypten, Durchzug durch das Rote Meer; S. 369: Mirjam und ihre Gefährtinnen spielen, singen und tanzen/Verteilung von Mazzen und Charosset, Durchsuchung der Wohnung nach Gesäuertem/Bereitung des Passalammes und Reinigung der Schüsseln.

Seite 370
»An den Strömen Babels saßen wir und weinten« (zu Ps 137,1–4, vgl Ps 126 und Bild S. 355). – Stuttgarter Psalter (s. o.: Hinweise zu Seite 355) fol. 152 r.

Seite 374

»Errette mich von den bösen Menschen« (zu Ps 140,2–7). – Stuttgarter Psalter (s. o.: Hinweise zu S. 355), fol. 155 r. (Bildvorlage S. 370 und 374: E. Schreiber, Grafische Kunstanstalt, Stuttgart).

Seite 383

König David mit Musikanten (zum »Schluß-Hallel« des Psalters, Ps 146–150, das David in Ps 145,21 ankündigt). – Cotton-Psalter, England, 8. Jh. – London, The British Library, Cott. Ms Tib. C. VI, fol. 30 v. (Foto Archiv für Kunst und Geschichte, Berlin).

Seite 387

»Lobet den Herrn«. – Russische Ikone (48,5 x 36,5 cm, 16. Jh.) zu Ps 148 (der Lobgesang des Kosmos richtet sich hier an Christus, das »Ebenbild des unsichtbaren Gottes«, den »Erstgeborenen der ganzen Schöpfung«, durch den und auf den hin alles geschaffen ist, vgl. Kol 1,15–20). – Stockholm, Nationalmuseum (Foto Museum).

Seite 389

Illustration zu Psalm 149 und zu Psalm 150. – Utrecht-Psalter (s. Bd. 1, S. 48 und 50f.), fol. 83 r. (Bildvorlage Akademische Druck- und Verlagsanstalt Graz).

Oberes Bild (zu Ps 149): Vor dem Heiligtum haben sich die »Getreuen« versammelt. Angeführt von drei Frauen mit Harfen und Trommeln singen sie Jahwe-Christus ihr »neues Lied« (V. 1). Unterhalb von Christus stehen in einem Gebäude drei Menschen mit »Lobpreisungen Gottes im Munde« und zweischneidigen Schwertern in den Händen (V. 5 u. 6). Darunter die getadelten und gezüchtigten Völker, deren Schilde und Speere vor ihnen am Boden liegen (V. 7). Links ein Mann, der zwei gefesselte Könige vorführt; zwei andere Fürsten sitzen, die Füße in Pflöcken, auf dem Boden (V. 8). Ganz links sitzen in einem Gebäude sechs Männer zu Gericht (?).

Im unteren Bild (zu Ps 150) ist alles konzentriert auf das Lob des

Jahwe-Christus, der segnend in der Mandorla trohnt. Die Winde aus den vier Ecken der Welt (vier Himmelsrichtungen) sind mit den Engeln und Menschen einig im Loben Gottes. Vier Gruppen von Sängern und Musikanten mit Blas-, Zupf- und Schlaginstrumenten rahmen die Orgel ein (V. 4 lautet in der lat. Übersetzung: »… laudate eum in cordis et organo«). Gleich von zwei Organisten gespielt, soll auch sie Töne des Lobes von sich geben. Dazu bedarf es aber der Mühe der vier Männer, die die Blasebälge bedienen. »Wenn ihr Gott lobt«, sagt Augustinus in seiner Psalmenerklärung, »dann soll der ganze Mensch ihn loben: die Stimme soll singen, das Leben soll singen, die Ereignisse sollen singen, auch das Stöhnen, die Unruhe, die Versuchung, die Sicherheit, die Hochstimmung.«

Anmerkungen zu Psalmtexten

Ps 120–134 ist eine eigenständige Sammlung von Texten unterschiedlicher Gattung (vgl. z. B. Ps 120 und 122; 132 und 134) und mit gleichlautender Überschrift, die vermutlich im 4. Jh. v. Chr. von der Jerusalemer Priesterschaft für Zionspilger als »Wallfahrtsbüchlein« zusammengestellt wurde und dessen cantus firmus das Thema »Segen« ist. Die hebräische Bezeichnung »Schir Hama'aloth« wird verschieden übersetzt und gedeutet: »Lied für Hinaufzüge« (A. Weiser), »Aufstiegsgesang« (M. Buber), »Stufenlied« (d. h. zu singen auf den Stufen, die zum Zion hinaufführen), »Heimkehrerlied« (d. h. der Rückkehrer aus dem babylonischen Exil; vgl. Ps 126), »Lied der Erhebung« (Ps 120–134 wollen zur Hoffnung ermutigen). Die Bezeichnung »Wallfahrtslied« (Zürcher Bibel, Luther und ökumenische Einheitsübersetzung) trifft besonders auf Ps 122 (und sinngemäß auch auf Ps 84) zu. (Begleitlektüre zu Ps 120–134: E. Zenger, Ich will die Morgenröte wecken. Psalmauslegungen, Freiburg i. Br. 1991, S. 126 ff.: Der Gott der kleinen Leute.)

In *Psalm 126*, den der Dichter Max Brod als das »Volkslied der Juden« bezeichnet hat, scheint das Schicksal Israels auf: Vertreibung und Exil sind nicht das letzte Wort; Rückkehr und Heimkehr sind Israels Hoffnung und Lebenskraft.

Ps 126 und *Ps 137* nehmen in der jüdischen Hausliturgie einen besonderen Platz ein. Wie sollen sie gesprochen und verstanden werden? »In der Hausliturgie der Passanacht wird der Mahlgemeinschaft eingeschärft: ›In jeder Generation betrachte sich der Mensch, als sei er selbst aus Ägypten ausgezogen.‹ Wir dürfen dies sinngemäß dahin erweitern, daß er sich betrachten möge, als sei er aus Babylon ausge-

zogen, und diesem Sinn wird unser Psalm liturgisch plaziert. Während unser Psalm 126 am Sabbat und an Feiertagen dem Tischgebet vorausgeht, wird an den Werktagen der 137. Psalm rezitiert: ›An den Wassern Babels saßen wir und weinten …‹ So klingen Trauer und Trost zusammen: das Lied der Verbannten und das Lied der Erlösten im Sinne der Heimkehr.« (Schalom Ben-Chorin).

Zu *Ps 127* vgl. Mt 6,25–34.

Ps 132 feiert die Verheißung des Propheten Nathan an David (vgl. 2 Sam 7; 1 Chr 17; Ps 89) und die Überführung der Bundeslade nach Jerusalem (vgl. 2 Sam 6; 1 Chr 13; 15,1–16,3; Ps 68 und Chagalls Bild in Bd. 4, S. 181).

Ps 135 (ein von Hallelujah-Rufen umrahmter Hymnus der Passaliturgie) und Ps 136 gehören mit Ps 77/78 und Ps 105/106 zu den großen Geschichtspsalmen (vgl. Bd. 5, S. 212–220; 242; Bd. 6, S. 285–293; 296). – *Ps 135,4* ist hier nach Leopold Marx übersetzt. – *Ps 135,15–18* entspricht Ps 115,4.6–8.

Ps 136, eine Danklitanei für die Weltschöpfung und Gottes Handeln in der Geschichte, wird im Judentum wegen der Aussage von V.25 (»… der Speise gibt allem Fleisch«), die den Höhepunkt des Psalms bildet, »großes Hallel« genannt und im Pessach-Seder im Anschluß an das Hallel Ps 113–118 gesungen: »Die Schwierigkeit, dem Menschen seine Speise zu geben, ist kein geringeres Unterfangen als das Spalten des Schilfmeeres«, erklären die Rabbinen.

Der *Davidpsalter Ps 138–145* (vgl. die Überschriften) wird gleichsam von der (ironischen) Aufforderung der Juden-Peiniger in *Ps 137,3* (»Singt uns eines von den Zionsliedern«) ausgelöst und ist so gestaltet, daß zwei Lobgesänge auf den Namen Jahwes (Ps 138; 145) als äußerer Rahmen und zwei Vertrauenspsalmen (Ps 139; 144) als innerer Rahmen um vier Bittgebete Davids um Rettung (Ps 140–143) gelegt sind (vgl. E. Zenger, a. a. O., S. 251 ff.)

Die Textfassung von *Ps 139* ist auf der Grundlage der Zürcher Bibel und der Übersetzung von C. Westermann (Ausgewählte Psalmen, Göttingen 1984, S. 186 f.; vgl. auch Westermanns Erklärung des Psalms) erarbeitet. – *Ps 139,24* (»… und leite mich auf den Weg, der bleibt«) meint nach E. Zenger den Weg der Tora. »Wer ihn geht, vertreibt das Chaos und stärkt das Leben.«

Ps 140–143: vgl. Anm. zu Ps 138.

Ps 141,5 ff.: Für die Zürcher Bibel sind der Schluß von V.5 sowie V.6 und 7 unübersetzbar (vgl. Luther und Einheitsübersetzung).

Ps 142,1: vgl. 1 Sam 22.

Ps 144, ein Dank-, Vertrauens- und Loblied, ist Ps 18 ähnlich.

Ps 145, ein alphabetischer Psalm (die Anfangsbuchstaben der Verse ergeben die Buchstaben des hebräischen Alphabets (vgl. Bd. 7, S. 244, Anm. zu Ps 111), verkündet Gottes Güte gegenüber allen seinen Geschöpfen (zu Ps 145 vgl. Bd. 7, S. 303 f.). Im jüdischen Tagzeitengebet bildet er zusammen mit den Hallelujah-Psalmen 146–150 das »tägliche Hallel« (die Psalmen werden täglich im ganzen gelesen). Im Psalmenbuch selbst intoniert *Ps 145,21* das Finale des Psalters. David, der

Sänger von Ps. 145, kündet an: »Mein Mund soll das Lob Jahwes verkünden und alles, was lebt, lobe seinen heiligen Namen, immer und ewig.« Das Wort »Lob« löst die von »Hallelujah« (»Lobet Jahwe«) umrahmten und durch ein enges Stichwortgeflecht miteinander verwobenen Psalmen 146–150 aus, die als eine »Klimax des Lobes« (L. Trepp) gestaltet sind. Die Spannung des Parallelismus zwischen »mein Mund« und »alles, was lebt« gibt den großen Bogen an, der das Ganze prägt. *Ps 146* ist das Jahwelob des einzelnen (vgl. V.1). Dann weitet sich der Kreis: In *Ps 147* (in den griechischen und lateinischen Übersetzungen zwei Psalmen: V.1–11 = Ps 146/V. 12–20 = Ps 147) übernimmt Israel-Zion das Lob, in *Ps 148* übernehmen es die himmlischen Wesen und der gesamte irdische Kosmos. *V.14* von *Ps 148* (»Horn« ist ein Symbol für Kraft und Rettung) leitet zu *Ps 149* über, der – was der Psalmenbuchredaktion wohl ganz wichtig war – zu einem neuen Lied auffordert, das in der »Gemeinde der Getreuen« (der »Chassidim«), »der Söhne Israels« erschallen soll. Und in *Ps 150* schließlich stimmt – mit allen denkbaren Instrumenten – »alles, was Odem hat« in das Lob Gottes ein.

Register Band 1–8

Bilder

Brauer, Arik (geb. 1929); Bd. 2, Ps 37: Davids beflügelte Psalmen, 1980. – Bd. 3, Ps 59: David auf der Flucht, 1980.
Zyklus »Pessach-Haggada«, 1977/78: Bd. 5, Ps 77: Mit starker Hand; Ps 78: Und er teilte das Schilfmeer für uns/Und er ernährte uns mit Manna. – Bd. 7, Ps 118: Ein Freudenruf des Triumphes.

Brevier des Königs Martin von Aragon (Katalonien, 14. Jh.), Bd. 4, Ps 72: Anbetung der Könige.

Canterbury-Psalter (Canterbury, um 735), Bd. 2, Ps 33: David, Schreiber, Musikanten und Tänzer.

Cervera-Bibel (Spanien, 1300), Bd. 4, Ps 67: Menora.

Chagall, Marc (1887–1985), Bd. 1, S. 24/25: König David beim Harfenspiel, aus »Die Bibel«, 1956; Ps 18: König David, 1962/63. – Bd. 2, Ps 26: David mit der Harfe, aus »Die Bibel«, 1956. – Bd. 4, Ps 68: Die Bundeslade wird nach Jerusalem gebracht, aus »Die Bibel«, 1956. – Bd. 5, S. 205: Betender Jude (Der Rabbiner aus Witebsk), 1914; Ps 81: Tanz der Mirjam, aus »Die Bibel«, 1956. – Bd. 6, Ps 105 und 106: Unterdrückung der Hebräer/Der Zug durch das Rote Meer/Mose verkündet die Gesetze, aus »Exodus«, 1966/König David und Musikanten, 1983. – Bd. 7, Ps 119: König David, 1951. – Bd. 8, Ps 127: Der Psalm Salomos, aus »Die Bibel«, 1956.
Psalmen Davids, 1979: Bd. 2, Ps 22; 31; 40. – Bd. 3, Ps 44; 45; 51. – Bd. 4, Ps 63; 72. – Bd. 5, Ps 77. – Bd. 6, Ps 100. – Bd.7, Ps 114. – Bd. 8, Ps 122; 143; 147.

Cotton-Psalter (England, 8. Jh.), Bd. 8, Ps 145 und 146: König David mit Musikanten.

Elisabeth-Psalter (Thüringen, vor 1217), Bd. 7, Ps 110: Initiale »D«.

Franck, Dieter (1909–1980), Bd. 1, Ps 3: Psalmenlandschaft 2, 1970. – Bd.7, Ps 113: Psalmenlandschaft mit vielen Sonnen, 1969/71.

Goldene Haggada (Katalonien, 14. Jh.), Bd. 8, Ps 135 und 136: Errettung Israels aus Ägypten/Mirjams Lobgesang und Passa.

Goldener Psalter St. Gallen (um 875), Bd. 3, Ps 42: Initiale »Q«.

Griechischer Psalter in Paris (Konstantinopel, 10. Jh.), Bd. 1, Ps 20: Davids Salbung durch Samuel. – Bd. 3, Ps 51: Davids Buße.

Hebräische Miszellen-Handschrift (Nordfrankreich, 13. Jh.), Bd. 1, Ps 7: David beim Harfenspiel.

Hunziker, Max (1901–1976), Bd. 1, S. 4: David mit Blütenzweig, 1972. – Bd. 2, S. 56: David vor blauem Grund, 1974. – Bd. 3, S. 104: David auf goldenem Grund, 1973. – Bd. 4, S. 152: David vor schwarzem Grund, o. J. – Bd. 5, S. 200: David – die Rosen, o. J. – Bd. 6, S. 248: David, 1968. – Bd. 7, S. 300: David – farbige Harfe, o. J. – Bd. 8, S. 348: David mit Kelch, o. J.
Grisaillen zum Psalter, 1965: Bd. 1, Ps 21: König David mit Lilienzepter. – Bd. 2, Ps 39: Trauer. – Bd. 3, Ps 49: David und Schädel; Ps 52: Ölbaumzweig; Ps 57: David und Harfe. – Bd. 4, Ps 62: Schlafender; Ps 64: Warnender David. – Bd. 5, Ps 84: Freunde. – Bd. 7, Ps 107: Volk/Traube; Ps 115: Vater – sein Kind auf dem Arm; Ps 116: Mann mit Kelch; Ps 119: Lesende/Herzensgebet. – Bd. 8, Ps 128: Rose; Ps 139: Angesicht im Himmel und blühender Strauch; Ps 142: Weinender David.

Ingeborg-Psalter (Nordfrankreich, um 1195), Bd. 5, Ps 80: Wurzel Jesse.

Jawlensky, Alexej (1864–1941), Bd. 1, Ps 17: Meditation »Das Gebet«, 1922. – Bd. 4, Ps 69: Kopf (Doppelkreuz), 1935. – Bd. 6, Ps 102: Versunken (Abstrakter Kopf), 1934.

Köder, Sieger (geb. 1925), Bd. 2: Psalm 23, 1979.

Litzenburger, Roland Peter (1917–1987), Bd. 3, S. 109: David sprang und tanzte mit Jauchzen, 1974.

Münchner Psalter (Oxford?, nach 1200): Bd. 1, Ps 1: Initiale »B«.

Oberitalienischer Psalter (Mailand 10. Jh.), Bd. 5, Ps 83: David mit Schreibern.

Psalmenkommentar (12. Jh., heute Paris, B.N.), Bd. 3, Ps 47: Christus, der Allherrscher und Davids Musik.

Psalter des Kaisers Alexios I. Konstantinopel, um 1095), Bd. 6, Ps 96: König David mit der Harfe.

Psalter Karls VIII. (Frankreich, 15. Jh.), Bd. 1 Ps 14: Narr vor König David.

Rembrandt, Harmensz. van Rijn (1606–1669) Bd. 4, S. 155: Der Bund zwischen Jonathan und David, um 1632; S. 157: Natan ermahnt David um 1654; S. 172/173: David spielt Harfe vor Saul, 1658/59.

Rouault, Georges (1871–1958), Bd. 5, Ps 89: Der alte König, 1936.

Rubens, Peter Paul (1577–1640), Bd. 2, Ps 38: König David, die Harfe spielend, um 1618/20.

Russische Ikone (16. Jh.), Bd. 8, Ps 148: »Lobet den Herrn«.

Seibold, Reiner (geb. 1933), *Schriftbilder zu Psalmen:* Bd. 2, Ps 25; 31; 35; 40. – Bd. 3, Ps 50; 55; 56. – Bd. 4, Ps 68; 70. – Bd. 5, Ps 74; 82. – Bd. 6, Ps 90; 97; 103. – Bd. 7, Ps 109; 117. – Bd 8, Ps 121; 130.

Shahn, Ben (1898–1969), *»Halleluja-Suite«:* Bd. 1, S. 14, 22, 23, 27- – Bd. 4, S. 184, 185. – Bd. 6, S. 276. – Bd. 7, S. 312, 323. – Bd. 8, S. 364. 365.

Stundenbuch (England, 14. Jh.), Bd. 4, Ps 65: Erschaffung der Welt.

Stuttgarter Psalter (St. Germain des Prés, Paris, um 820), Bd. 1, Ps 8; 19. – Bd. 2, Ps 28; 35; 37. – Bd. 3, Ps 43; 58. – Bd. 4, Ps 61. – Bd. 5, Ps 87 (bzw. Ps 30). – Bd. 6, Ps 91. – Bd. 8, Ps 126; 131; 137; 140.

Toggenburger Bibel (Lichtensteig, 1411), Bd. 4, Ps 60: David, Schreiber und Musikanten.

Utrecht-Psalter (Hautvillers bei Reims, 820–840), Bd. 1, Ps 6; 12; 13; 15 und 16. – Bd. 2,m Ps 24; 30. – Bd. 3, Ps 46; 48; 53 und 54. – Bd. 4, Ps 66; 71. – Bd. 5, Ps 85; 88. – Bd. 6, Ps 92; 93; 95; 104. – Bd. 7, Ps 111. – Bd. 8, Ps 149 und 150.

Wiener Bohun-Psalter (England, 14. Jh.), Bd. 6, Ps 98: Initiale »C«.

York-Psalter (England, um 1260), Bd. 2, Ps 27: Initiale »D«.

Psalmen-Essays

Dietrich Bonhoeffer, Das Gebetbuch der Bibel. Eine Einführung in die Psalmen (Bd. 6, S. 249–257).

Nathan Peter Levinson, Die Psalmen als Geschenk Israels an die Welt (Bd. 5, S. 201–204).

Clive Staples Lewis, Vom Loben (Bd. 8, S. 349).

Paul Maiberger, Der König und Psalmendichter David (Bd. 4, S. 153–159).

Heinz Piontek, Umgang mit Psalmen (Bd. 3, S. 105–109).

Claus Westermann, Das Beten der Psalmen und unser Beten (Bd. 1, S. 5–9).

Erich Zenger, Schulter an Schulter mit dem Judentum. – Wie Christen heute Psalmen beten und lesen sollten (Bd. 7, S. 301–307).